밥을 먹고 싶지 않은 날

밥을 먹고 싶지 않은 날

신덕엽 제19시집

세종출판사

- 서문 -

마지막 남은 홍시가
새의 밥이 되듯이

내 여생도
시의 밥이 되기를.

만추와 술잔을 나누는 어느 어스름 녘에
신덕엽

차례

5 서문

1부

15 벌
16 어떤 죄
17 만추에
18 멸치
19 침묵하는 이유
20 달개비에게
21 잠자리가 보고 싶다
22 짧은 만행
23 두고 가도 아깝지 않은 것들
24 십일월에서 십이월로
25 민들레 홀씨
26 망설이는 사랑
27 틈3
28 삶, 증명이 필요 없는 공식
29 소금이 되기까지
30 오발
31 김장하는 날
32 구멍3
33 첫눈 내리는 날

화 그리고 화두 *34*
눈물의 밥 *35*
바람을 보다 *36*
바닥에게 *37*
꿈, 어머니가 밥상을 차려주시다 *38*
미망2 *39*
찬 손 *40*
빈 둥지 *41*
받아들이기 *42*
동행 *43*
혼자가 아닌 듯한 아침 *44*
여름, 밤바다에서 *45*
사랑, 그리고 상처 *46*
루브르박물관 앞에서 *47*
삶은 달걀 *48*
바람 *49*
백숙집에서 *50*
노송에게 묻다 *51*
청소기, 충전 중 *52*
비가10 *53*
풍경 둘 *54*
조급하여 *55*

2부

59 링거
60 문답 다섯
61 모정3
62 평일
63 복
64 길 위에서
65 빈부차이
66 멍게
67 비대면
68 모정4
69 어항 속 금붕어
70 독도
71 상형문자를 풀다
72 위로
73 나르시시즘, 허물
74 발돋움
75 해 질 녘
76 시든 꽃을 묻으며
77 나와의 독백
78 사건사고 셋
79 가시거리 밖에서
80 도어락을 바꾸는 날

오늘의 목록 *81*
사랑5 *82*
이름을 말해도 듣지 못한다 *83*
재활을 위하여 *84*
먼지떨이의 모순 *85*
절간에서 *86*
바람을 마시고 취하다 *87*
복수초2 *88*
이행시 모음 *89*
추분 지나 *90*
나목의 고백 *91*
배신 *92*
쑥의 호객 *93*
단상 둘 *94*
별 일 아닌 것도 별 일 *95*
거짓 *96*
겨울풍경 둘 *97*
긴 겨울 *98*
사막 *99*

3부

103 찌꺼기
104 지금 이 순간
105 길의 끝자락쯤에서
106 자화상 앞에서
107 자본주의의 모순
108 헌 신짝
109 어떤 슬픔
110 토씨
111 남포동
112 무
113 노숙자
114 벼랑 끝에서
115 장작불
116 소지
117 S의 행복여행
118 갯벌에서
119 낀 돌
120 뒤집기
121 몰래 뜯어본 죄
122 아침바다
123 꽃 떨어지기 직전
124 사랑의 공식

오진, 그 후 *125*
자칫 *126*
입센의 독백 *127*
붙박이창 *128*
짧은 여행, 긴 여정 *129*
빈 깡통에 꽃을 꽂다 *130*
풍경7 *131*
불통 *132*
이름 모를 꽃 앞에서 *133*
파도가 모래를 키우다 *134*
반성문8 *135*
밥을 먹고 싶지 않은 날 *136*
스냅 셋 *137*
만추에2 *138*
청도, 그 집 *139*
뫼르소처럼 *140*
나를 살다 *141*
할미꽃2 *142*

| 후기 | *143*

1부

벌

달콤함에 취하여
자지러진다

백일홍 꽃술 깊숙이
머리를 처박고

벌 벌 벌
온 몸을 떨며.

어떤 죄

또 어디선가 날아드는 초파리
펼쳐놓은 시집의 갈피에 앉는다

탁!
손바닥으로 쳐서
기어코 죽인다

핏자국 없이
납작하게 뭉개진 사체를
씻어낸다

갈피 어디에도
핏자국 없다

피 한 톨 없는 것을
끝끝내 죽여야 했나

미물만도 못한
시집을 덮어버리고

나를 후려친다

만추에

전화벨 소리
- 나는 ♪ 행복합니다 ♪
조용한 미장원을 화들짝 깨운다

뭐가 그리 행복하노?

파마 중인 할머니
거울 속 시든 얼굴을 어둑히 들여다보며
투덜투덜

전화기에 바싹 귀 대고
크게 소리치는
더 늙은 할머니

임자, 나 염색하러 미장원에 왔소
냉장고에 이것저것 꺼내
저녁 먼저 자시소

행불행이 무엇인가
깊이 생각하는 저녁

가을이 짙다

멸치

그 작은 몸으로
장년의 남자를 술상으로 끌어당기다니

절망의 술잔에
눈물의 고추장을 찍어
아작아작 씹어 삼킨 네가
일터를 잃어
휘청거리는 가장을 쓰다듬으며
일으켜 세우다니

물기 한 올 없이
말라 비틀어져도
뼈대 하나만은 튼튼하고

땅콩과 몸을 섞어
볶음으로 거듭나고

맑고 구수하게
국수장국을 끓이는

너는
그물에 걸리기까지
바다를 누비던

한때는 싱싱한 목숨이었다

침묵하는 이유

진실을 말하지 않는 게
거짓이라면
나는 종종 거짓말을 한다

진실은 가끔
상처를 주기에
숨기건만
그것이 위선이라면
나는 종종 가면을 쓴다

가면이 얼굴이 되지 않을 만큼만
침묵하고
너를 속이고

그러는 중에 새어나오는
어쩌다가 튀어나오는
한숨과 감탄으로
너는 나를 눈치 채곤
의심하여 떠난다 하더라도
너를 해치는 진실은 감추리라
너를 사랑하는 만큼 너를 배반하리라.

달개비에게

나, 예쁘니?
묻고 싶지 않니

사랑스럽고 수줍고
새보다 개미와 친하고
바람보다 햇살을 가까이 두고
방글방글 노래 부르며
종일 웃고 있는 너

너, 참 예쁘다
추켜세워도

무슨 말인가 싶어
고개 갸우뚱

그런 네가 더욱 예쁘다

잠자리가 보고 싶다

나비는 간혹
도심으로 날아들어
아파트 화단이나
길 가장자리 잡초 틈으로
하루살이처럼 흘러 다니건만
잠자리는 묘연하다
고추잠자리는 더 아득하다

아무래도 봄이 가을보다 화사하여
꽃향기가 진하여
나비를 끌어 들이고
가을은 바람 서늘하여
잠자리는 외지에서 떠도나 보다

쉬 바람을 타는 잠자리는
나의 잠자리와 닮았다
바람소리에 잠 못 이루고
뒤척이다가 혼곤히
어둠 속으로 가라앉는
나의 꿈자리와도 닮았다

꿈꾸는 잠자리는 어디에서
망사 같은 날개를 펄럭이며
허공을 더듬고 있을까.

짧은 만행

제주도에 가신다구요
거기서 시 많이 쓰시겠네요

아니요
시 쓰지 않으려 갑니다

삶이 남루할 때
시가 식상할 때
섬으로 간다

섬에서
목숨하고만 살고 즐긴다

목숨 하나로도
하늘 눈부시고
바다 싱그럽고
땅이 풍요로워

따로 덧말이 필요 없고
수식이 소용없다

그래서 또 시를 쓴다
장식을 걸치지 않은
맨살의 시를 쓴다

두고 가도 아깝지 않은 것들

한여름 시원한 빙수
소주와 부침개

레이스 달린 블라우스
흰 후레아 치마

양지바른 거실
푹신한 소파

잠언집 '탈무드'
영화 '화양연화'

뭉게구름과 함박눈
수선화와 벚나무

화창한 아침
고즈넉한 저녁

달콤한 봄바람
청량한 가을바람

무엇보다
사랑하는 사람들
그리고 시

두고 가기 아까워
두고 가도 아깝지 않은 것들.

십일월에서 십이월로

1.
가지 끝에 매달린 홍시
아슬아슬

시나브로 시들어가다가
쪼글쪼글 말라가다가

새 날아들어
살을 떼어주고

느긋이 추락을 준비하는 만추
충만하건만

2.
퍽! 한 방에
푹! 허물어진다

주먹 센 바람
KO 승

완패하는
마른 잎.

민들레 홀씨

바람 분다
어디로 갈까

바람은
등을 내밀지 않고

나는
등에 업히지 못해

그냥
허공으로 흩어지고

홀
홀
홀
홀로 떠다니다가

어느 집 담벼락 틈으로
뿌리 내린다

바람은 나를 업지 않아도
무사히 데리고 간다

구석진 곳
구둣발이 닿지 않는
아늑한 그 곳.

망설이는 사랑

잘 가라 손짓하고
한참을 가다가
뒤돌아보니
너는 아직도 거기 서 있었다

네가 점점 작아질수록
못 다한 고백이 크게 들렸다

사랑하여 헤어질 수밖에 없다, 라는
그럴듯한 거짓과
애매모호한 진실이
함께 나란히
나를 배웅하고 있었다

아무 기척도 들리지 않을 때
너는 거기 없었고

나는 거기로 되돌아가고 있었다

틈3

계단 틈으로
민들레 방긋

돌 틈으로
철쭉들 활짝

바위 틈으로
개미들 땡볕을 피하고

창 틈으로
햇살 스며들고

잠과 꿈 틈으로
아침이 하루를 깨우고

삶과 삶 틈으로
희로애락이 어울리고

나와 네 틈으로
사랑이 드나든다

틈 없이 완벽하여
다가갈 수 없는 사람아.

삶, 증명이 필요 없는 공식

삼각형 내각의 합은 백팔십도
삼각형의 한 외각은 두 내각의 합과 같다, 라는
공식을 증명하기까지는 긴 설명이 필요하듯
인생을 파헤쳐 증명하려면
세상과 세월, 우연과 필연의
각과 변을 더하고 빼고 나누고
여러 보조선이 필요할 터

그렇게 복잡하게 살지 않는다
숫자가 낯가리는 곳에서
단순 명백한 진리 하나만으로도
순순히 살기 위해
셈법을 버린다
아주 기본적인 공식 하나 남겨두고

삶 - 삶 = 죽음

소금이 되기까지

물이 벼랑에서 떨어져
계곡으로 곤두박질한다

산산조각난 물
소스라치게 울다가
이내 조용하고

바위를 휘돌고
돌멩이 틈을 빠져나오면서
노래도 부른다

그렇게 흘러 흘러
강으로 바다로

바다에 안착한 물
그제야 눈물을 온통 쏟아낸다
덩달아 멍이 깊은 파도

파도는
바다 한 쪽을 뭍으로 몰고 와
염전을 깐다

고난의 알갱이
눈물,
짜다

짠 맛이
단맛을 우려낸다

오발

등 돌리고 떠나는 너를 쏘았다
비겁하게도 등을 쏘았다

빗나갔다

튕겨나간 탄알
부메랑처럼
내 가슴에 박혔다

머지않아
너는 되돌아오고
나는 숨었다

끝내
헤어졌다

김장하는 날

도라무깡이라 부르는
깊고 큼직한 양철통에
소금물로 배추를 절였다

하룻밤 지나고
숨죽은 배추를 씻어
속속들이 양념을 칠하여
독을 채우고
독 몇 개는 마당에 묻었다

그 날은 잔칫날
푹 삶은 수육에
막 담근 김치를 양재기에 가득 담아
이웃들과 둘레둘레 앉아 먹는
점심밥상은 풍성했다

그 다음 날은 최씨 집에서
또 그 다음 날은 박씨 집에서
연이어 잔치는 계속되고
겨울은 점점 깊어가고

겨울이 깊어가는 만큼
봄이 다가오고 있었다

구멍3

엄지발가락이 툭 튀어나오는
양말 구멍만큼
내 사랑이 남루하다면
구멍 여러 개 뚫고 싶다

이 구멍에서 저 구멍으로
또 다른 구멍으로
비비고 드나드는 동안
사랑은 올올이 메꾸어지련가

절망도 구멍이라면
구멍 하나 더 뚫어
구멍에서 구멍으로 빠져 나가리

삶이라는 구멍 하나가
크고 깊어서
종종 곤두박질하는

인생도
죽음이라는 또 다른 구멍이 기다리고 있음으로

얼른 일어나
다시 걷고
거듭 살아간다

첫눈 내리는 날

눈이 오는데
눈은 오는데
눈도 오는데
그대는 오지 않네

하늘에서 폴폴
내려와 쌓인 눈
바람결에 포르르 날아올라
허공으로 떠돌며
저들끼리 속살거리는

눈이 녹는데
눈은 녹는데
눈도 녹는데
그대는 올 기미조차 없네.

화 그리고 화두

나는 내 몸을
함부로 내버려 두었다

요의를 오래 참아
방광이 터질 것 같은 날
몸이 화를 내고
꾸짖었다

몸 뿐 아니라
정신도 방치했다

화를 못 참아
가슴에 불이 날 것 같은 날
정신이 조용조용
다독였다

몸을 알고
정신을 차리는 날
화두 하나 풀었다

화는
쏟아 내거나
담아 두거나
무게도 부피도 없는 허상임을

허상은
가만히 비켜보는 것
언젠가는 스러지는 것.

눈물의 밥

늦은 아침에도
아침 먹었니?

점심시간이 지나도
점심 먹었니?

한밤중에도
저녁 먹었니?

자식들 굶기지 않으려고
당신을 굶기며
아낀 밥을
나누어 차려 주시던
어머니의 걱정은
늘 끼니 걱정

밥 먹었니?
밥 먹었니?

바람을 보다

한밤중, 괴이한 소리에 놀라 깨어났다

짐승이 덫에 걸려 울부짖는 듯
떠돌아다니는 한 영혼이 흐느끼는 듯
눈물 가득 머금은 신음

집안에 소리 내는 건
냉장고를 돌리는 모터 뿐
천정에 붙은 경보등도 꺼져 있다

아, 베란다 창이 반쯤 열려 있었다

밖에는 비 쏟아 내리고
창을 넘어오려던 바람이
방충망에 걸려 퍼덕이고 있었다
수천 마리의 벌레들이 몸부림치듯
바람은 흐르지 못해 파들거리고 있었다

창을 활짝 열어주지 않고
꽁꽁 닫아버린다

괴이한 소리는 사라져도
방충망 아닌 방풍망 한 모서리가
찢어져 있다

바닥에게

네가 있어야
집을 짓고
나무가 뿌리 내리고
개미가 먹이를 나르고

눕고 앉고 서고
걷고 뛰고 머물고

네가 낮게 더 낮게 엎드려
허공이 풍성하고
하늘 깊어

너는 쓰러지지 않고
쓰러진 사람을 일으켜 세운다

꿈, 어머니가 밥상을 차려주시다

이제 일어나거라
벌써 열시가 넘었다
비는 그치고 햇살 눈부신데
아침을 놓치다니
얼른 일어나 창을 열고
바람으로 우선 세수하고
식탁에 앉거라

밥을 먹어야지
밥을 먹어야 생기가 돋아나는 걸
너는 오래도록 너를 굶기구나
그런 네가 안타까워
밥상을 차려 두었다
골고루 먹거라

살을 찌워야지
너무 여위면 발목이 흔들리는 걸
너는 오랫동안 휘청거리구나
그런 네가 불쌍하여
점심 저녁까지 준비해 두었다

이제 일어나거라
국이 식어간다

미망2

갓 잡아 올린 잉어
아가미 헐떡이며
지느러미 씩씩대며
비늘 곤두세우며
온몸으로 욕을 지껄인다

- 시팔, 재수 없게 -

욕심에 눈멀어
낚싯밥에 덜컥 걸렸건만

제 탓인 줄 모른다

찬 손

섣불리 악수를 청하지 못한다
기꺼이 악수를 받지도 못한다

한여름에도 차가운 손
피가 뜨겁지 않은가
가슴에 냉기만 꽉 찬 것일까

나 아닌 것 같아도 나인 것을
드러내기 부끄러워
손을 숨긴다

아, 손을 감춘다
내 집으로 들고나는 손님들을
마중하지도 배웅하지도 못하는 손으로
문을 닫는다

그 손은 내 눈물샘에도 닿지 못하여
온기가 없다

여름 가을 지나고
겨울이 다가왔다

서릿발 추위를 핑계 삼아
찬 손을 내민다

손을 잡아주는
네 손은 따뜻하다
나는 또 부끄럽다

빈 둥지

거미는 용감하다
저토록 막막한 허공에 집을 짓다니

거미는 느긋하다
먹이가 걸려들 때까지 찬찬히 기다린다

거미의 집은 위험하다
바람 한 줄에도 흔들
햇살 한 올에도 흔들
날파리 한 톨에도 흔들

그래도 거미는 흔쾌히 버틴다
온몸을 허공에 걸어 두고도
추락하지 않는다

지금은 빈 집
거미는 여정 중인가 보다

겨울을 맡겨두고
봄을 찾아오려고
먼 곳으로 떠났나 보다

받아들이기

내 온 생을 엎어 버리고
새로 짜 맞추고 싶은 날
퍼즐이 비웃는다

조각난 그대로 살아야지

엎어 보았자
조각이 떨어져 나갈 뿐

다시 조각을 껴 맞추어 완성해도
이전 그림 그대로인걸.

동행

너는
무슨 그런 말씀을 하시냐며
그러지 마시라며
손을 내젓겠지만

내가 많이 걱정할게
너는 조금만 걱정하렴

내가 많이 서러워할게
너는 조금만 서러워하렴

내가 많이 아플게
너는 조금만 아프렴

내가 많이 울게
너는 조금만 울렴

착한 내 딸아
내가 조금만 아주 조금만 웃을게
너는 많이 더 많이 웃으렴

나도 딸이고 아내고 엄마라서
그리고 여자라서
네 사는 길 뻔히 보인다
떨어져 있어도 함께 걷는다

혼자가 아닌 듯한 아침

연회장이 화려하게 무르익고 있었다
흰 드레스를 입은 신부가 손님들 사이를 나비처럼
사뿐사뿐 거닐며 연방 미소를 보내고 있었다
신부는 낯설지 않았다, 어디선가 많이 본 얼굴

신랑은 어디 갔는지 보이지 않고
신부는 축하 속에서 꽃처럼 만발했다
봄이었고, 구름 한 점 없었다

한참 후 신부는 신랑을 찾았다
아무리 둘러보아도 보이지 않는 짝

이리저리 찾아 헤매다가 깨어나니
환한 아침, 꿈 밖이었다

꿈 밖도 화창했고
곁에 누군가 누워 있는 듯
낮고 조용한 숨소리

아,
오래 전 떠난 그가
멀리 꿈을 건너와
나를 기다리다
잠시 잠들었나 보다

머리맡엔 예복이 곱게 개켜 있고
그 위로 나비넥타이가 사뿐히 앉아 있었다

여름, 밤바다에서

폭죽을 아무리 터뜨려도
달은 끄떡없다

어떤 강렬한 빛도
화려한 색깔도
달을 어쩌지 못한다

여름 밤 해변이 북적거린다
열대야를 피하여 모여든 사람들
바다 바람을 누리느라
달이 뜬 줄도 모른다

가장 눈부신 달은 제쳐두고
세상 눈부신 것들에게 마음을 뺏긴
사람들이 폭죽을 터뜨린다

달은 눈 한 번 깜빡이지 않는다

사랑, 그리고 상처

고구마가 익었는지 보려고
젓가락으로 푹 찌른다

젓가락에 묻어나는 살점

그렇게
찔러야만 알아보는
사랑이라면
그만 헤어지자

젓가락에 묻은 살점
뜨겁다

그래도 뜨겁다면
한 번 더 껴안자

끝내 두 연인은
멀어지고 가까워지고
가까워지다가 또 멀어지고.

루브르박물관 앞에서

겨울, 이른 아침

오랜 건물이 웅장하고

그 속에서 역사를 펼치고 이어주는
유물들 고고하고

정문 앞 뜰을 쓸고 있는
얼굴 검은 청소부가 겸허하고

그의 노동이 거룩하고

줄을 서서 개관을 기다리는 여행객들
눈빛 형형하다

삶은 달걀

삶은 달걀
흰자와 노른자가 단단하다
경계가 선명하다
껍질도 완벽하게 벗겨진다

생달걀은 불안했다
흰자와 노른자가 마구 섞일 듯
흐물흐물
껍질과의 경계도 모호했다

뜨거운 물속에서
다시 부화한
닭의 알

알을 깨고 나오지 못해 설익고
(익지 않아 흔들리고)

알을 깨는 아픔으로 익어가는
(푹 익어 중심을 잡는)

삶生은
달걀의 은유.

바람

바람은
흐르는 것 같아도
굴곡이 심하다

사막을 건너고
밀림을 헤치고
빙산에 부딪치고
허공을 달리고
도심 속 무성한 콘크리트 벽에 치이고

연못에서 미끄럼 타고
꽃밭에서 뛰놀고
강물 함께 너울거리고
바다 위에 훌렁 드러눕고
햇살과 노닥거리고

바람은
굴곡이 심해도
넘어지지 않는다

흐르는 게 맞다

백숙집에서

끓는 물속에 들어가기 직전
다리를 오그린 채 웅크리고 있는
맨살의 몸뚱이

모가지가 잘려 나가고
깃털이 몽땅 빠져나간
허연 살덩이

공양하려고 태어난
천형의 날짐승

날개를 달고도 날지 않고
주는 먹이만 주워 먹느라
다리 근육이 오지고

그 다리가 졸깃졸깃하여
다리만 찾는 사람들
뱃살과 가슴살은 제쳐두어도

땀 뻘뻘 흘리며
퇴화한 날개 뼈까지 뜯어먹는
지금은 말복

말세가 가까운
폭염과 폭한의 시대.

노송에게 묻다

내 몸속
실낱같은 촉수가
바람 한 점 햇살 한 알에도
파르르 떨려
만신이 저린다

어릴 적
잠자리를 잡아
재미삼아 날개를 뜯어내던
죄를 모르는 손으로
더듬이를 뽑아내고 싶다

호기심을 잃고
설렘을 잃고
사랑까지 잃더라도
조용하고 싶다

휘청거리지 않고
휘청거리는 세상을 걷고 싶다

온몸이 촉수인 미모사는
어떻게 살아갈까?
나를 엿보곤
웃을까 울까?

거친 빗줄기에도
흔들리지 않는
노송에게 묻는다

청소기, 충전 중

먼지를 먹어야
힘을 쓰는

먼지를 뽑아내야
또 힘을 쓰는

먼지가 밥이고 찌꺼기인
너는 지금 진중하다

다시 힘을 모으는 중.

비가10

트렁크 하나 활짝 열린 채
길에 엎어져 있다

속옷 같은 게 삐져나오고
술병이 굴러나왔다

여행 중이었는지
귀가 중이었는지

목숨을 끊듯
삶을 던져버린
어느 누구의 절망

어디에서 굶고 있는지
추위에 떨고 있는지

비우지 못해 무거운 가방이
주인을 기다린다
속 하나씩 덜어내면서

빈 가방 속으로
햇살 스며들고
바람 저려든다

풍경 둘

1. 여름나무

그늘을 내어주느라
불볕을 덮어쓰고 있다
심장이 헉헉거린다

사람들은 아무렇지 않게
나무의 지친 몸을 깔고 앉는다

2. 겨울나무

옷을 모조리 벗고도
춥지 않다

맨몸에
햇살 방울방울 주렁주렁
무성하게 달렸다

조급하여

감자를 삶는다

푹 익었는지 확인하려
젓가락으로 찌른다

단단하다
조금 후 다시 찌른다

큰 것은 쉬 익지 않아
여러 번 찌른다

크고 무겁고 단단한 것이
상처를 더 많이 깊이 받는
이유를 알곤
삶을 가볍게 낮게 부드럽게
다루기로 했다

익기까지의 틈을 못 견뎌
거듭 확인하는
사랑도
편하게 놔주기로 했다

조바심으로
자꾸만 들추어 들여다보는 냄비뚜껑을
가만히 덮어 두었다

2부

링거

영양분을 나르는
탯줄

입으로 먹지 못해
핏줄로
포도당을 받아 마신다

씹고 삼키는
이빨과 혀가 무디어
맛을 모르고

목숨을 연명하기 위해
한 방울 두 방울……
온몸으로 빨아들이는
젖

자식들에게 퍼 먹이느라
젖무덤이 내려앉은
병 든 노모
젖을 마신다

팔에 꽂은 긴 빨대로
겨우 마신다

문답 다섯

1. 하늘과 바다

나도 우울하지만 너는 왜 우울하니?
늘 마주보고 있으면 닮는 거야.

2. 구월과 시월

가을이 지금 어디까지 왔니?
네가 머무는 만큼의 거리에 도착했어.

3. 해와 달

너는 날 피하는 거니 쫓는 거니?
나는 내 갈 길을 가고 있을 뿐이야.

4. 벌과 꽃

네 단 맛을 뺏는 내가 밉지 않니?
아니, 나는 너를 사랑하여 다 주고 싶어.

5. 대숲과 바람

너는 왜 여기를 떠나지 못하니?
나는 네가 내쉬고 들이쉬는 숨결이야.

모정3

겨울 끝머리쯤
아직도 바람 찬 날
산뜻한 정장차림의 중년남자가
승진을 축하하는 지인들에게 둘러싸여
인사 나누기에 바쁘다

멋있다
얼굴이 훤하다
대단하다
축하객들은 한 마디씩 칭송을 풀어내고
주인공은 환하게 웃는 동안

그의 늙은 어미는
걱정스런 눈빛으로
생경스럽게 아들을 꾸짖는다

옷을 와 그리 춥게 입었노?

평일

흐리고 개이고
개이고 흐리다가
기어이 비 쏟아지는 오후

우산을 챙기지 않은 나는
비 쫄딱 맞고
낡은 운동화로 빗물 스며들어
질척거리는 채로
귀가를 서두르건만

서두를 이유가 없다
이미 젖은 몸
얼마나 더 젖는다고
신호등까지 무시하고 나를 재촉하나

재촉할 이유도 없다
별다른 일 없이 무사한
나는 다만 비를 맞았을 뿐
젖은 몸을 씻기만 하면 될 뿐

다음 날 아침
햇살 퍼진다

널어놓은 옷이
바삭바삭 마른다

복

복을 마구 회쳐 삼키지 마라
숨은 독이 너를 쓰러뜨린다

주는 복福이라고
덥석 받지 마라
불운이 숨어 있기도 한다

복은
조심조심 발라 먹고

복福은
꽃인 양 살포시 품어라.

길 위에서

쭉 가다보면
두 갈래 길이 나와요
어느 길이든
목적지에 닿아요

행인이 일러주는 대로
길을 찾아가는 나그네

두 갈래 길이 나타나고
어느 길로 갈까 망설인다
이 길이 가까울까 저 길은 멀까
오래 고민한다

고민하는 그 동안에
닿았을지도 모를
목적지를 오래 더듬고 있다

어느 길이 빠른지를 물어볼
행인은 보이지 않고

한참을 서성거리는
그 사이에 해 저물고 어둡다

어느 길이든
해 저물기 전에
길목으로 들어서야 했다

빈부차이

전철역으로 통하는
엘리베이터 B2를 누른다

문득
지하 2층이
마이너스 2층으로 읽히고

고층일수록
지하 3층은 등이 무겁고
마이너스 3층은 많이 잃는다

지하 인생이
마이너스 인생 같고

삼십육 층 아파트 허리께에 사는 나는
올라갈 일이 없어
내려만 가고

더 내려갈 수 없는
지하 4층에는
고급 승용차들이 줄지어 서 있다

멍게

게가 아니다

꽃게 대게 소라게 방게 왕게 등등
그 많은 게 중
하나가 되지 못하고

딱딱한 껍질 대신
울퉁불퉁 못난 외피로
적을 방어하며
느슨히 풀고 사는

멍~~~~~
생각이 없는 듯

그러나

꽉 찬 내공
부드럽고도 질긴.

비대면

딩♪동♪

현관문을 여니
택배가 기다린다

고맙다는 인사를 드리고 싶지만
위층으로 바삐 올라가버린
어느 가난한 가장

그 분의 얼굴이 궁금한 날
문득 내 얼굴도 궁금하여
거울 속을 들여다본다

그 동안 나와 나는
비대면 중

점점 제 얼굴을 잊고
서로의 얼굴을 잊어가는 사람들
마주보아도
누군지를 모른다

다시 바이러스가 퍼질 거라는 소문에
미리 마스크를 쓰고
얼굴을 가리는 지금은
한여름 중

마스크 속에서
땀띠만 펄펄 자라고 있다

모정4

어머니와 나는 어둠 속을 걷고 있었다
한 손엔 등을 들고 한 손으로 내 손을 꼭 잡고
조심조심 길을 더듬는 어머니
등을 켜지 않았다

어둠은 길었고
어머니와 나는 두 갈래 길에서
헤어져야 했다
어머니는 저 세상으로
나는 이 세상으로 돌아와야 했다

어머니가 등을 건네주었다
기름이 꽉 찼고
심지는 실했다

홀로 어둑한 세상을 건너갈
자식의 길을 밝혀 주려고
아껴두었던 등

꿈속에서 내 손을 붙잡은
어머니 손이 등이었고

꿈 밖에서 불 밝힌 등은
붙잡지 못하는 어머니의 손.

어항 속 금붕어

사방이 유리벽

밖을 볼 수 있어도
나가지는 못하여
콘크리트 벽보다 더 아득한

그 벽을
깨트리려 해도
주먹이 없다

주먹은커녕
손도 발도 없고
오로지 지느러미로
갇힌 곳에서 익숙하게 흐를 뿐

지느러미가 주먹이 되려면
얼마나 더 오래 갇혀 있어야 하나

태생대로 살아야 하나.

독도

나는 누구의 것도 아닙니다

그냥
홀로 태어나
홀로 살아가는
섬일 뿐입니다

그러니 아무나 오셔도 됩니다

내 어깨에 기대어
종일 밀려 오고가는
파도 소리 들으며
해조 함께
나를 치근대어도 괜찮습니다

나는 뭍에서 멀리 떨어진
외딴섬

그대,
외따로 살아가는 이여
맑은 날 바다를 건너와
나와 함께
저무는 해가 그리는
석양을 즐기지 않으렵니까

섬과 섬이
말없이 서로에게 손짓하는
어느 흐린 날.

상형문자를 풀다

문 門
물을 問

입은
묻고 답하는
말이 드나드는 문

물음이 정확해야
답도 정확하여
문 안에 또 문
입 구(口)를 들여앉혔으니

나에게 묻지 마라
없는 답은
물음 속에 있다

위로

병든 너나
아직은 멀쩡한 나나
삶이 별다르지 않다

암이 둥지 튼 너는
밥 대신 죽을 먹고
마음이 상한 나는
밥 대신 술을 마시고

내 몸 안에도 암세포가 돌아다닐 것이고
그 중 하나가 어느 곳에 달라붙어
둥지를 지을지도 모를 일

알아서 너는 두렵고
몰라서 나도 두렵고

너나 나나 사는 게 비슷하여
웃음도 눈물도
스쳐 지나가는 바람 같은 것

아우야,
나는 너 때문에 울지 않기로 했다

우리는 앞서거나 뒤서거나
함께 흘러가는 강물이라서.

나르시시즘, 허물

샘물이 아무리 맑아도
잔물결 한 올 없으랴

조금 흔들려
약간 흐릿하여
샘물에 비친 얼굴
몽환인 양 어여쁘지만
그림자일 뿐

제 그림자에 반하여
스스로에게 취하여
사랑에 빠진 채
물속으로 뛰어들고

산산이 깨어진 물은
나르시스를 비웃고

나는 거울을 들여다본다
있는 그대로 보여주는
마주 선 사람이 남루하여
얼른 거울 앞을 떠난다

허상 때문에
뛰어들고
뛰쳐나오는

허물을 벗지 않아
속고 속이는 것들.

발돋움

아버지가 어린 아들을 벽에 기대 세워
키를 재고 눈금을 새길 때
아들은 슬쩍 발뒤꿈치를 올렸다

그새 키가 3cm나 자랐구나!

아버지는 흐뭇하여
그 날 저녁 고기를 구워주시며 부추겼다
- 더 많이 크야지

그렇게 속여서
아버지는 행복했고
아들은 쑥쑥 자라
182cm까지 컸다

이제 아들은 어깨를 낮춘다
심장이 아픈 사람의 맥박을 들으려
등을 굽히는

흰 가운에는
아버지가 새긴 사랑이 배여 있고

발꿈치를 올릴 때
꿈도 함께 자라고 있었다

해 질 녘

늙고 병들면
저만 안다

자식조차 남
배려가 없다

얼마나 다행인가

늙은 어미가
병든 아비가
자식 걱정까지 겹친다면
그 무게를 어찌 버틸련가

하느님은 배려심 깊게
사람 마음을 구석구석 살펴
이기심까지 뿌려놓으셨다

마지막은
저만 걱정하라고
가볍게 떠나라고

지는 해는
제 몸만 보듬고 서녘을 넘는다

시든 꽃을 묻으며

꽃은
언제 주무시나

아침에 활짝
밤에도 활짝
그 다음 아침에도 활짝

그러다가 서서히 시들고
땅에 몸을 눕히는

꽃은
살아서 눈을 감지 않고
죽어서도 눈을 반쯤 떴구나

눈을 감겨 드려야지
푹 주무시게.

나와의 독백

그냥 가면 안 될까
무엇을 잊어버리고 왔길래
되돌아가려 하니

비 올까봐 우산을
추울까봐 겉옷을
갈증날까봐 물병을
일일이 챙기려다
기차를 놓친다

가볍게 떠나자
비 오면 비 맞고
추우면 추운 대로
주점에 들러 목을 축이고
갈 길 가면 안 될까

행여 네 한 쪽을 떨어뜨리고 왔다면
더구나 되돌아가지 말고
그냥 가면 안 될까

두고 온 너는
한 동안 칩거하여
묵은 생각들 버리고
눈빛 청청하게
너를 기다리고 있으리니.

사건사고 셋

1.
비 온 뒤
땅으로 기어 나온 지렁이
햇살로 몸을 말리다가
너무 오래 말리다가
타서 죽었다

2.
집을 업은 달팽이
집이 짐 같아
어디에 부려놓을까
이리저리 찾아다니다가
지쳐 쓰러졌다

3.
봄인 줄 알고
서둘러 고개 내민 매화
찬바람에 놀라
다시 숨어들려다가
모가지가 걸렸다

가시거리 밖에서

동백역 3번 출구에서
친구를 기다린다

오지 않는다
약속시각이 넘어도 오지 않는다

전화를 건다

어디니?
오고 있는 중이니?

둘은 정각에 도착했고

그녀는 전철역 밖에서
나는 안에서
의심 없이 마냥 기다리고 있었다

황당하게도
안팎의 거리가 그리 멀 줄이야

지척인데도
보이지 않아
아주 멀었다

도어락을 바꾸는 날

종종 투정을 부리던 현관문이
기어코 탈이 났다

비밀번호를 아무리 눌러도
반응이 없다

집중하여 거듭 시도해도
꿈쩍 않는다

갇혔다
밖에 갇혔다

AS를 부르고
낡은 자물쇠를 바꾼다

곧장 열리는 문
안이 처음인 듯 낯설다

들어가지 못하는
집이 나를 버리고

미아처럼
서성거리던 날

너를 떠난 나는
너를 되찾아갈 길을 보았다

미로에서 너를 해후했다

오늘의 목록

생각을 부풀리지 말 것
미리 걱정하지 말 것
간질간질 아무는 상처를 건드리지 말 것
택배상자가 잘 뜯기지 않는다고 투덜대지 말 것
탄수화물을 줄이고 단백질을 늘릴 것
냉수 아닌 온수로 속을 다스릴 것
난해한 시를 끝까지 읽을 것
미루어 오던 안부를 먼저 물을 것
남을 탓하거나 엄살 부리지 말 것
외로움을 고스란히 즐길 것
오늘도 무사함에 감사할 것
내일을 넉넉히 기다릴 것

꼭 해야 할 것은
간절히 사는 일

부록으로 끼울 것은
어정어정 사는 일.

사랑5

내가
너에게 꽂히고

너는
나에게 꽂이고.

이름을 말해도 듣지 못한다

부추 밭
부추 줄기에 맺힌
꽃을 보고 물었다
- 무슨 꽃이예요?

그가 어이없다는 듯 되물었다
- 부추꽃 아닙니까?

몰랐다

처음 보는 꽃은
이름표를 달고 있어도
이름 없는 꽃

부추 밭에서
낯익은 부추 잎을 보고도
부추꽃은 생명부지였다

그 후
거울 앞에 서면
나에게 익숙한 내가
문득 낯설어
내 이름을 묻는다

답이 없어도
나를 종종 불러낸다

재활을 위하여

거만하면
목에 힘 빼라 하고
예방주사를 맞을 때도
팔에 힘 빼라 한다

빼는 게 쉬울 것 같아도
쉽지 않다
셈법도 더하기보다
빼기가 어렵다

허물어져
일어설 기력이 없는 사람에게
힘내어 얼른
일어서라고 재촉하랴

허물어진 채로
몸에 힘을 빼고
바닥과 절망을 나누다가
서서히 일어서기를 기다릴 뿐

너는 가라앉은 나를 일으켜 세우려
내 굽은 어깨를 토닥이며 위로한다

- 힘 내지 말고 힘 빼라.

먼지떨이의 모순

먼지를 턴다

대충 털어야
청소가 끝난다

오래 꼼꼼히 털어도
마지막까지 남는 먼지는
그냥 놔두거나
용서해야 하는 거

먼지를 터는
먼지떨이에도
먼지 가득하다

먼지가 먼지를 털어
뿌연 세상
무엇이 먼지인지 가릴 수가 없고

먼지 없는 곳은 어디일까.

절간에서

1. 해우소

똥 누는 데가
우째 이리 깨끗하노

내 집 밥상머리보다
더 편안하노.

2. 보름달

네 빛을 모두
어둔 세상에게 쏟아 내주느라
서서히 여위는

외로운 사람들에게
네 웃음을 몽땅 퍼주느라
점점 시드는

너는 온달
바보 온달.

바람을 마시고 취하다

어느 시인은
짜라투스트라의 초인을
바람둥이라 했다

바람!

고저장단, 대소에 얽매이지 않고
훌훌 떠다니다가
잠깐 머무는 꽃잎에도
흔적 한 올 남기지 않는
자유분방한 떠돌이

자유는
드나드는 문이 없고
넘어야 할 담이 없고
가라앉을 바닥조차 없어
허공 같은 것

허공을 흐르는 새는
날개가 구속이기도 하건만
날개 없어도 흐르는 바람

바람 같은 인생을
또 어느 시인은
주정뱅이라 했다

복수초2

서릿바람이
정강이를 다지고

눈송이로 세수하고

햇살을 끌어 모아
볼연지를 바르고

노란 블라우스를 입고

꽃샘추위도 아랑곳없이
세상 나들이 나서는

얼음새꽃.

이행시 모음

1.
반은 너 나머지 반도 너이면서
달마다 헤어지고 다시 만나는.

2.
산이 허겁지겁 삼키다가 목에 걸린
봉황새의 알.

3.
바라보고 또 바라보고
다시 바라보아도 아득한.

4.
보기에는 눈부신 다이아몬드
석石이었던 것 끝내는 아무것도 아닌 것.

5.
절에 가서 노승을 뵙고
망한 것이 흥할 거라는 말씀을 새겨들으시길.

6.
목에 걸려 어느 때 쓰러질 줄 몰라도
숨 막히도록 팽팽한 삶.

추분 지나

삶도 빌려 쓰면 어떨까

충분히 잘 살아
이자까지 붙여 갚는다면
그 분도 넉넉히
술잔을 들이킬 것이고
취한 김에
삶 한 귀퉁이 뚝 떼어
한 번 더 살아보라며
대출해 주실 것 같은
어느 청명한 날
문자가 들어온다

대출한 책을 돌려달라는
도서관의 독촉 알림톡

다 못 읽은 시집을
서둘러 돌려주고
다 못 산 삶을
무겁게 지고 오는 저녁

해가 길어졌다
어느덧 시월

이율이 없고
유효기간을 모르는
내 몫의 여생이
짧아지고 있다

나목의 고백

누가 나더러
가볍다 하나
비웠다 하나
깨끗하다 하나
곧고 강하다 하나

나는 지금 동안거에 들었고
묵언수행 중이지만
아직은 먼 선禪이라서
선승 아닌 보살일 뿐

배고프면 배터지게 먹고
잠 오면 대낮에도 너부러져 자는
세속일 뿐

올 겨울은
오래 가물어
목마르고

갈증으로 벌컥벌컥
남의 물까지 들이키는

나는 아직도
목마른 속인.

배신

단물 다 빨아먹고
내뱉는 껌
함부로 뱉지 마라
네 발바닥에 달라붙기도 한다

쑥의 호객

나를 사가세요
가자미 함께 끓여
몸보신 하세요

나는 겨우내 땅속에서
흙의 정기를 마시어
파릇파릇 생기를 머금고
땅이 말랑해질 때
고개 내밀어
하늘의 정기까지 마시고
푸릇푸릇 속살이 싱싱해요

오동통 살진 나를
쌀가루 함께 버물어 익혀
주전부리로 즐기세요

온기와 향기는 물론
온몸이 봄이라
나를 드시면
회춘할 거예요

단돈 오천 원
몸값 아닌 봄값으로는
너무 싸지 않나요.

단상 둘

1. 톱니바퀴

틈이 있어야 맞물리고
반대로 돌아야 돌아가고

비슷하고도 다른

부부의 길
떨어질 수 없는.

2. 수레바퀴

떨어져 있어야 맞추고
함께 돌아야 돌아가고

두 개가 하나로

사랑의 길
거리를 두어야 하는.

별 일 아닌 것도 별 일

아침마다 소란하던
위층에 청소기 돌아가는 소리 멈추었다

멀리 여행을 떠났나
아파 드러누웠나
우울하여 웅크리고 있나

궁금하던 차
엘리베이터에서 만났다

이웃은 무사했고
무언가 무겁게 들고 있었다
고장 난 청소기

일상을 멈추게 한 건
일상이었다

고치거나 바꾸어야 하는
일상의 어긋남도
일상.

거짓

신고 좀 해 주세요
제가 자수를 감당 못 하여
망설이고 있어요

죄인데도
죄스럽지 않은
양심이 불량한 저를
대신 고발해 주세요

사랑 아닌 것을
사랑인 척
어느 여자를 훔친
죄까지 처벌해 주세요

한 꺼풀만 벗기면
드러나는 진실을
꽁꽁 싸맨
은닉죄까지 더하여
엄벌해 주세요

저는
사람들에게 쉬 달라붙는
세균입니다

예방주사가 없는
치료제도 귀한
질병입니다

겨울풍경 둘

1.
누가 연을 날리네

허공을 가득 메운
높고 거친 지붕들 틈으로
가까스로 하늘을 빌려
가물가물 살랑살랑
꼬리로 노래를 풀어내는
가오리연 하나

누가 누구에게 그리움을 전하고 있네.

2.
빨랫줄에 매달려
바람에 흔들리는 셔츠 어깨를
집게가 꼭 붙들고 있다

내 휘청거리는 삶은
누가 무엇이 껴안아 줄까

오후의 햇살이
무심히 내리고 있는
십이월 어느 날.

긴 겨울

어머니가 우시는 걸 본 적이 없다
자식이 배를 곯아도
굶어 쓰러져도
주정뱅이 남편이 밥상을 뒤엎어도
당신의 무릎이 바스러져도
꿈쩍 안 하셨다

그 남편이 죽어도
아들이 세상 떠나도
눈물 한 방울 흘리지 않으셨다

어머니 돌아가시고
그 겨울은 유난히 추웠다

어디선가 흘린 눈물 줄줄
꽁꽁 얼어
고드름이 되었을까

눈물이 하도 뜨거워
얼어붙기까지는
수십 번의 겨울이 더 지나가야 하나.

사막

그림자가 유독 긴 곳

등 굽은 낙타가 비틀거리는 곳

모래바람 휘몰아치는 곳

불볕이 시린 밤을 몰고 오는 곳

오아시스가 숨은 곳

물통에 남은 물 흔들어보며
갈 길을 헤아리는
나그네 한 분

터덜터덜.

3부

찌꺼기

더럽지 않다
더러울 이유가 없다

밥이 삭아
영양분을 살과 피, 뼈로 보내고
남은 찌꺼기
정직하고 간단명료하다

아이가 일기장에 만화처럼 그려놓은
똥 덩어리, 아니
밥 덩어리
모락모락 김이 오르는

좋은 것 다 내주고도
밭을 기름지게 하는
거름

천연거름이
인공비료로 변질된

세상은
문명으로 오염될망정

식기를 씻듯
변기를 씻는다

지금 이 순간

이륙 직전
단정한 스튜어디스가
비상구 사용법과
구명복 착용법을 설명한다

곁에 할머니 중얼중얼
- 비행기 떨어지면 다 죽는데
알아서 뭐하나 -

듣는 둥 마는 둥
배낭 속을 뒤지더니
사탕을 꺼내어
한 알 건네주신다

달콤하다
지금 이 순간
무사한 삶이.

길의 끝자락쯤에서

서너 시간 걷고 나니
발바닥이 아프다
오래 신은 운동화
닳아서 바닥이 얇아진 듯

새 신발을 사러 간다

밑창이 두껍고
몸집이 든든한
등산화를 사려다가
머뭇거린다

생의 끝자락에서
따로 단단한 신발이 필요할까

남은 길은
맨발로 건너갈 구비인 걸

헌 운동화를 버리지 않고
깨끗이 씻어 말려
새 신처럼 신는다

지금은
올라가는 게 아니라
거의 다 내려오는 중

등산이 끝나고
하산도 끝날 무렵.

자화상 앞에서

고흐는 왜
노란색에 빠졌을까

압생트에 중독되어
황시증에 시달렸나
정신착란으로 헤매었나

어찌하든 고흐는
빛을 쫓아 다녔나 보다

쫓는 빛이
밤의 카페 테라스로 스며들고
해바라기를 쓰다듬어도

기어이 목숨을 끊어
깜깜 어둠 속에서
잘린 귀가 다시 돋아나는
고독한 영혼

지금은 스스로 빛이 되어
별이 빛나는 밤에 훌훌히
노랗게 흘러 다니나 보다

자본주의의 모순

한 개 오십 원
아주 싸서
배고픈 사람의 끼니로
허기를 지워주던
사과를 능금이라고 불렀다

능금이라는 단어가 귀한
작금의 시대에는
한 개 오천 원
너무 비싸서
사과를 황금이라고 부른다

금값이 치솟고
가게가 문을 닫는
민생이 어려울수록
자본주의는 날개를 달고

돈이 돈을 긁어모아
백화점은 붐비고
골목시장은 한산하다

웅크리고 앉은 거지도
빈 깡통에 깔아 둘
몇 푼이 필요하다
밑천이 있어야
가난을 팔 수 있다

헌 신짝

버려진 게 아니다

멀리 걸어
낡은 것

오래 기다려
지친 것

너무 사랑하여
헤어진 것

짝을 잃어
웅크린 것

함부로 버려질 게 아니다

어떤 슬픔

어머니 떠나시고
아버지도 떠나시어
고아가 된 마흔셋 남자는
남편이고 아빠고 가장인 그 남자는
하루 종일 잠만 잡니다

밤잠까지 아끼면서
일을 하고 가사를 돕는
부지런한 그가
모든 걸 놓아 버리고
잠만 잡니다

슬프고 슬퍼
눈 뜨고 있는 게 괴로워
눈 감고
지금 여기를 건너뜁니다

저 세상에서
아버지 어머니가 그러지 말라고 손짓 하는 듯
가끔 눈 뜨곤 두리번거립니다

그의 아내는
조용히 지켜보면서
저녁밥을 짓습니다

토씨

토 달지 마라
씨가 된다

오해와 불신은
쓸데없는 조사에서 돋아나는 거

버려도 될 것은
과감하게 버려라
남겨두어
긍정이 부정으로 돌아선다

너 나를 사랑해?
너는 나를 사랑해?

'는'이
불화의 원인

없는 것이
있는 것보다
더 여유롭고
아득하여 그립다

남포동

야시장이 화려했고 극장가가 붐볐고 포장마차가 취한 듯 등이 붉었고 캐럴송이 한겨울을 녹였고 갈 데 없는 연인들이 종일 들어앉아 클래식을 듣는 음악실이 아늑했고 남포문고가 번성했고 걸인 앞에 놓인 깡통 속에 동전이 제법 묵직했고 지폐 몇 장도 담겼고 늦은 밤까지 모락모락 김이 피어오르는 찐빵이 달콤했던 도심

시대와 세대가 바뀌면서
어느 날부터 거리가 썰렁하고
옛 가게가 사라져
쓸쓸한 저녁

구석에서 중앙으로 옮겨
실내를 넓힌
오랜 간판의 '할매회국수집'에서
비빔국수를 먹는다

할매는 오랜 전 돌아가시고
국수 맛도 예전 같지 않아
더욱 쓸쓸하여
추억 속을 떠다니다가
귀가하는 길에
소주와 새우깡을 산다

홀로 마시는 술잔 함께
최백호의 '낭만에 대하여'를 흥얼흥얼.

무

바람 든 무 속에
바람은 없고
바람의 흔적만 얼키설키

무를 쪼개다가
칼끝에 벤 무無
상처 한 올 없다

노숙자

손가락이 터진 면장갑 한 짝
길가에 내버려져 있다

지친 노동이
일당 만 원이
손수레와 폐지가
땀이
쌀 한 봉지가
허기가
구부정한 허리가
아픈 무릎이
바닥에 팽개쳐 있다

대낮부터 만취한 남자
너부러져 누웠다

여윈 살과 뼈
주름진 세월
우울한 오늘
암울한 내일
허무가
죽을 몸이
한 줌 재가
땅 속으로 가라앉고 있다

하늘에 해는
구름 속으로 묻혔다가
다시 헤쳐 나왔다가.

벼랑 끝에서

1.
니는 언제까지 살끼고?

죽을 때까지 살끼다

그게 언젠데?

그걸 내가 우째 아노

그렇제?

2.
조심스레 차곡차곡 쌓아 올린
모래성이 무너지는 순간

할 수 있는 일은 없고
오직 외마디

어?
헉!

장작불

타오르는 가슴
뜨겁고

절제하느라
차갑다

산불의
탐욕을 벗고

가스불의
규율을 지운

자유로운 영혼
찬란하게 춤춘다

아궁이에 가두어도
갇히지 않는 불길

백숙을 끓인다
날 것을 익힌다

장작이 분신하여
불꽃으로 부화하고
잿빛 사리를 남기는 동안.

소지

두각을 드러내지 못하고
맨 끝에서 작은 몸으로
수를 헤아릴 때나 쓰이는

손가락 중 하나를 버려야 한다면
아무렇지 않게 잘려나갈

소지는 외롭다
외로워 아프다

자식이 많지 않더라도
다섯이 안 되더라도
새끼손가락은 있다

가난하고
잘 울고
자주 넘어지고
여기저기 상처가 많고
자존심조차 부러진

내 새끼
아픈 새끼손가락.

S의 행복여행

배고플 때 먹는 바나나 반 쪽

한여름 중 나무그늘 그리고 바람

잃어버린 귀걸이 한 쪽을 찾았을 때

불면을 쫓아내는 안정제를 삼킬 때

어제 비 오고 오늘 눈부시게 돋아난 아침

바람 시린 길을 헤매다가 문득 만나는 겨울장미

심하게 넘어졌는데도 발목이 성할 때

건널목 빨간불이 금방 파란불로 바뀔 때

외로움 함께 마시는 낮술

내 찬 손을 데워주는 네 따뜻한 손

시 짓기에 몰두할 때

*때로는 진실을 모를 때

*살아있음을 느끼는 순간

* "꾸뻬씨의 행복여행"에서 따옴

갯벌에서

조개를 주우려
장화를 신고
뻘밭으로 들어간다

깊이 빠지는 발
무릎까지 묻히고

빠져나오려 허둥대는 동안
발만 빠져나오고
뻘 속에 그대로 묻힌 장화

네가 그랬다
나에게 빠졌다가
기억만 남겨두고
떠났다

낀 돌

돌과 돌 사이에 어처구니없이
낀 돌
이러지도 저러지도 못하는
흔들리는 자리

네가 빠져나오면
네 양옆구리의 돌들이 무너지고
네가 버티고 있으면
꼼짝달싹 못하는
네 몸이 저리고 아리고

그렇다고 어느 누가 너를
깊이 들여다보며
네 아픔을 어루만져 줄까

어쩔 수 없다 낀 돌아
너는 중심을 잡고
네 무게를 반으로 쪼개어
양쪽 무게를 줄여라

웃음과 눈물의 추
희망과 절망의 추
생사의 추는
저울대의 한가운데서
흔들리지 않는다

중심은 외롭다
그리고 침묵한다

뒤집기

왜
하필
나에게

저항이
어둠을 끌고 온다

그래
그렇지
그럴 수도 있지

순응이
빛을 모시고 온다

말을 뒤집으면
생각이 뒤집어지고
행동도 뒤집어지고

석쇠 위 고기를 뒤집어
골고루 익히듯

빛의 석쇠 위에
어둠을 얹어 구워
알맞게 익은 삶

맛있다

몰래 뜯어본 죄

문밖에 누군가 서 있는 것 같아
문을 여니
아무도 없다

서늘한 공기 함께
우두커니 퍼질러 앉은
택배

포장을 뜯자
청바지 한 벌
생소하다

주문하지 않았고
누가 보낸 것도 아니라서
주소를 자세히 살펴보니
1702호 아닌 1703호

다시 깔끔히 포장하여
뜯어보지 않은 척
1703호 현관 밖에 둔다

무언가를 훔친 듯
두근거리는 가슴으로
저녁밥을 짓다가
선반 문틈으로 손가락이 끼였다

이내 피멍이 들고 어둠 짙어지고
유죄와 무죄의 경계에서 잠을 설친다

아침바다

갈매기는 종일
바다를 물고 있었다

수평선이 휘어질 때
파도가 부풀고

그 바람에
새는 바다를 떨어뜨리고

훨훨
어디론가 날아갔다

그 다음 날 아침
모래밭에 찍힌 새 발자국

갈매기는 밤새
놓친 해조음을 찾고 있었다

찾다가 찾다가 지쳐
새는 바다에 빠지고

무수히 퍼덕이는
날갯짓.

꽃 떨어지기 직전

법을 어기는 큰 죄를 짓지 않았다
어쩌다가 교통법규를 무시하고
붉은 등이 꺼지지 않은
건널목을 건너기는 했다

사기를 치거나 도둑질도 안 했다
어쩌다가 남의 상처를 건드리고
뒷말을 늘어놓기는 했다

소문을 퍼뜨리거나 소문을 삼킨 죄
침묵을 막거나 끝까지 침묵한 죄

자잘하고 소소한 실수조차
죄 같고
죄 아닌 것도 죄인 양 송구하고

살아온 일이 모두 죄인 것 같아
흔들흔들

꽃은 흔들리면서 피고 진다 하니
아직은 나도
떨어지지 않은 꽃

죄 짓지 않아도
죽을 죄는 어쩌지 못하는.

사랑의 공식

복잡한 방정식이 필요 없다

내 것의 일부를 빼내어
너에게 더하고
나를 반으로 나누어
너를 곱절로 품어 안으면
답이 나온다

사랑은
+ - × ÷로 풀 수 있는
아주 간단한 셈법

아이도 풀 수 있는 문제.

오진, 그 후

넘어져 발목을 다쳐
병원에 갔는데요
의사는 별다른 검사 없이
수술을 해야 한댔어요
너무 간단한 처방이 수상하여
다른 병원으로 가니 늙으신 의사는
이리저리 발목을 만져보며
혼자 걸어서 왔느냐고 물었어요
그렇다고 대답하자 진단을 내렸어요

뼈에는 이상이 없습니다
뼈에 조금만 금이 가도 걷지 못하거든요
무리하게 걷지 마시고
찜질하면서 기다리면
점점 나아질 겁니다

칩거하여
발을 조심조심 모시는 동안
발목은 예전으로 돌아왔어요

연골이 닳아
절뚝거리는 내 삶도
소중히 다루고 어르면
언젠가는 곧게 걸으리라
믿게 되었어요.

자칫

오래 기다리다가
막 떠나려는데 그가 도착했다
약속시각 훨씬 지나고도
티 없이 웃으며 다가왔다

그가 늦은 이유를 모르고
늦어도 아무렇지 않은 이유를 몰라
미심쩍게 바라보는 나를
그가 뜨악하게 들여다보며 물었다
왜요? 무슨 일이 있어요?

그는 늦지 않았고
내 시계가 빨랐다
삼십 분이나 시간을 재촉했다

그는 정시에 왔고
내가 시각을 어긴 것

잘못을 숨기느라 슬그머니 웃는 나를
그가 미심쩍게 바라보았다

그렇게 사랑은
자칫 어긋날 뻔 했다

입센의 독백

인형의 집도
평수가 넓으면 덜 답답하다
마당이 있으면 속이 트인다

젊고 예쁜 여자
한 남자의 인형으로
붙잡혀 있어도
도망갈 생각을 안 한다
벗어날 수 있어도 매여 있다

돈과 명예가
사랑까지 거래하는 중에
조화는 생화보다 더 화사하여
겨울에도 만발하여
늘 싱싱하여
생화를 밀어낸다

낭만이 난만하던 시절
봄을 닮은 여자는
꽃처럼 자유롭게
나비를 불러들이면서도
진실한 사랑에게
꽃술을 내주었다

붙박이창

밖이 보이기는 하나
열 수 없는
퇴화한 창문

남향집 북쪽에
추억처럼 걸어놓고
하늘을 들이는
벽의 외눈

먹구름 틈으로
겨우 새어나온 햇살이
부딪쳐 눈물로 아롱지는

그대 몸속
외로운 창

버리지 않아도 버려져 있고
닫지 않아도 닫혀 있는.

짧은 여행, 긴 여정

십일월 끝자락
저녁 여섯 시 넘어
상동역은 춥다

하늘에 별 보이지 않고
먼 산들 나지막이 가라앉고
막 스며든 어둠이 뜻밖에 짙어
깊은 밤처럼 적막한 간이역에는
술 취한 여자와 남자 몇
휘청휘청 얘기를 나누며
서늘한 목을 웅크린 채
만추의 끝 겨울 길목을 서성인다

여럿에서 빠져나와
홀로 선로를 따라 걷는
고희 넘은 여자
문득 가슴에 바람 일어
옛 연인을 끌어 안 듯
제 몸을 껴안는다

기차가 들어오고
승객들 대부분 졸고 있는
익숙한 풍경 속으로 들어서는 순간
낯선 귀갓길이 아주 멀다

빈 깡통에 꽃을 꽂다

내가 못났으니
어여쁜 널 품고 살자

내가 날카로우니
부드러운 널 품고 살자

내가 수다스러우니
고요한 널 품고 살자

내가 모가 났으니
둥근 널 품고 살자

내가 얄팍하니
깊은 널 품고 살자

빈 깡통인 나는 그래서
화병으로 환골탈태 했습니다

풍경7

나루터에
배 한 척 묶여 있다

바람 없어 파도 잔잔하고
뱃전도 온전하건만
닫힌 물길

노구를 끌고
이 마을에서 저 마을로
손님을 모시던 김씨가 세상 떠난 후
뱃길이 막힌

어느 겨울
석양이 뱃머리로 내려와
닻을 올리는 중.

불통

먹구름 잔뜩
이리 궂은 날
너, 지금 어디 있니

전화기 꺼두고
두문불출 중이니
전화기 집에 두고
외출 중이니
세상만사 허망하여
전화 받을 엄두가 안 나니

부재중 전화가 여러 번 떴는데도
화답하지 않는 너는
먼 곳으로 여행 갔니
더 먼 곳,
돌아오지 못할 곳으로 떠난 거니

무소식이 희소식이 아닌 구비에서
너를 기다린다
소식 한 마디만 건네다오

행방을 감추고 싶도록
헛헛한 내가
행방불명인 너에게 안부를 전한다

너, 지금 무얼 하고 있니?

이름 모를 꽃 앞에서

꽃 이름을 모른다고
꽃이 어여쁘지 않은 건 아니지만
이름을 알고 들여다보면
보이지 않는 걸 본다

구절초는
구절구절 가을을 읊고
꽃댕강은
댕강, 바람결에 잘려나갈 듯
목이 여위고
엉겅퀴는
엉겨 붙어 온기를 나눈다

그렇듯 그대도
속속들이 알아서
이름을 기억한다

이름을 불러
더 깊이 사랑한다

파도가 모래를 키우다

밀물과 썰물 사이에서
모래밭은 젖을 뽑아 올린다

무수한 새끼를 낳아 기르는
모래밭에 모래알들
밀물로 몸을 불리고
썰물로 뼈가 여문다

다 자라고도
거친 바람을 견디는
내공을 쌓기 위해
뜨거운 햇살을 들여마신다

내 몸속 모래밭은
성글고 메마르다
바람 한 올에도 우수수 떨어지는
낙엽보다 더 가벼운 모래알들
이 곳 저 곳에 흩어져
가뭄을 키운다

바람 부는 날
바다로 나선다

우렁우렁 밀려들고
밀려나가는 파도로
가슴 속 사막을 적신다

반성문8

대문 앞 감나무
아직 익지도 않은 감에게
돌팔매질하는 아이를 내몰고

막 익은 감을 몰래 따서 담으려
비닐봉지 들고 밤 이슥하게 스며드는
이웃 어른에게 따지고

푹 익은 감을 쪼아 먹는
새를 휘휘 몰아내던

나는 그 때 왜 그랬을까

담 안이 아닌
담 밖의 나무는
내 것이 아닌 걸

담 안이라도
내 것이 아닌 걸

가까이 곁에 있다고
내 것이라고 고집할수록
담은 높아가고
감은 줄어들고

감나무 아래로 수북이
시든 잎들만 쌓였다

밥을 먹고 싶지 않은 날

야윈 손목에
아슬아슬 뛰는 맥박

순하고 조용하고 여릿하고
질기고 위태로운
몸의 숨결

이내 멈출 것 같건만
쉼 없이 작동하는, 그러나
언젠가는 멈출

심장의 펌프질이 끝나는 날
사그라질 혈맥

소리 없는 경고
- 너, 아직 살아 있어

벌떡 일어나
밥을 먹는다

시든 입맛을 돋우려
고추장으로 맵게 비벼 먹는다

스냅 셋

1. 핑크뮬리

가을에 일렁이는
봄

아른아른 설레설레
분홍빛 바람.

2. 황혼

저녁이 널어놓은
햇살 젖은 낯.

3. 길목

막다른 길이 아니라서
숨통이 트이는 골목.

만추에2

미장원 바닥에
뭉텅뭉텅 잘려나간 머리칼

한 때는
봄이었고
꿈이었고
사랑이었던
청춘의 숲

하얗게 스산하게 저문 세월
까맣게 물들여도
다시 돋아나는 서릿발

귀뚜리도 서러워
늙은 귀뚜리는 더 서러워
울컥울컥 눈물을 삼키는
가을 어스름 녘

미장원 벽에 걸린 거울 속으로
긴 머리칼 곱게 땋아 내린
처자가 어제처럼 스쳐 지나고

밖에는 바람 불고
어둠 짙다

청도, 그 집

사월에 어여쁜 그 집은
십일월에도 아름답다

창마다 걸려 있는
청록빛 하늘

늙은 감나무에 홀로
깜빡거리고 있는 감 알

바싹 마른 수국을 쓰다듬는
속 깊은 햇살

뿌리를 드러낸 채마밭을
깨끗이 헹구는 바람

떨어진 잎새를
나붓이 눕히는 잔디

술이 무르익고
손님이 들락거리는 그 집은
한겨울에도 따뜻하리라.

뫼르소처럼

수상하다

맑은 아침에 울부짖는 까마귀
비는 오지 않고 먹구름만 쌓이는 하늘
땅을 떠나 창틀에 앉은 비둘기
어린 바람에도 휘청거리는 가로수
늦저녁에 불 꺼진 창
새벽을 깨우는 전화 벨 소리
대낮에 급히 달려가는 구급차
어느 날부터 소식을 끊은 우정

수상한 것들이 예사로운
내가 수상하여
칩거를 푼다

밖에는
예사롭지 않게
햇살 쏟아 내리고

살아 있는 것들이
죽어갈 것들이
제자리에서 숨을 쉬고 있다

나를 살다

철사를 휘어 만든 옷걸이
어깨가 길고 딱딱하여
오래 걸어둔 스웨터
소매 윗부분이 툭 튀어나와
모양이 바뀌었다

나를 걸어둔 세월도
모서리가 거칠었나 보다
외출을 하려고
거울 앞에 선 나는
어깨가 기울었다

축 늘어진 나를 이끌고
바다로 나선다

파도가
바다를 다림질하고 있었다

구겨진 나를 펼 다리미를 찾는다

오래 방치된 다리미
녹슬어 힘을 못 쓴다

구겨진 나를 구겨진 대로
걸쳐 입고 다닌다

그런대로 편하다

할미꽃2

늙으면
저절로 어깨가 굽는다

비틀비틀
직립이 흐트러지기도 한다

사람이
낮아지고 가벼워질 때
발걸음이 조심스러워질 때

무덤가에 앉아
제 뿌리를 들여다보느라
고개 숙인 꽃

잠시 고개 들어
하늘 한 모금 마시곤
다시 땅을 사는

성숙한 꽃
생사의 경계를 허물어뜨린다

- 후기 -

모자라고 초라해도
일단은 저장하고 출력하는 시를
오늘은 쓴 자리에서 구겨 버렸다
종잇장보다 얕은 시를 버려
A4용지 한 장 건졌다

나는 이제야 조금씩
시인으로 다가가나 보다.

신덕엽 제19시집
밥을 먹고 싶지 않은 날

초판1쇄 발행 2026년 1월 2일

지은이 신덕엽
펴낸이 이길안
펴낸곳 세종출판사

주소 부산광역시 중구 흑교로 71번길 12 (보수동2가)
전화 051-463-5898, 253-2213~5
팩스 051-248-4880
전자우편 sjpl5898@daum.net
출판등록 제02-01-96

ISBN 979-11-5979-815-3 03810

정가 11,000원

이 책은 저작권법에 따라 보호받는 저작물이므로 무단전재와 무단복제를 금지하며,
이 책 내용의 전부 또는 일부 내용을 재사용하려면 사전에 저작권자와 세종출판사의
동의를 받아야 합니다.

* 잘못된 책은 교환해 드립니다.